Caballo árabe

Grace Hansen

Abdo Kids Jumbo es una subdivisión de Abdo Kids
abdobooks.com

abdobooks.com

Published by Abdo Kids, a division of ABDO, P.O. Box 398166, Minneapolis, Minnesota 55439.

Printed in the United States of America, North Mankato, Minnesota.

102019

012020

THIS BOOK CONTAINS RECYCLED MATERIALS

Spanish Translator: Maria Puchol

Photo Credits: Depositphotos Enterprise, iStock, Shutterstock

Production Contributors: Teddy Borth, Jennie Forsberg, Grace Hansen
Design Contributors: Dorothy Toth, Pakou Moua

Library of Congress Control Number: 2019944055

Publisher's Cataloging-in-Publication Data

Names: Hansen, Grace, author.

Title: Caballo árabe/ by Grace Hansen

Other title: Arabian Horses. Spanish

Description: Minneapolis, Minnesota : Abdo Kids, 2020. | Series: Caballos

Identifiers: ISBN 9781098201029 (lib.bdg.) | ISBN 9781098202002 (ebook)

Subjects: LCSH: Arabian horse--Juvenile literature. | Horses--Juvenile literature. | Farm animals--Juvenile literature. | Spanish language materials--Juvenile literature.

Classification: DDC 636.112--dc23

Contenido

Los caballos árabes

Los caballos árabes son una de las razas más antiguas y **reconocidas** en todo el mundo.

Esta raza surgió hace más de 2,000 años en la **península arábiga**. Se criaron para ser caballos inteligentes, de buen carácter y fáciles de adiestrar. Hoy en día son afortunados los que son dueños de un ejemplar.

Tienen la cabeza en forma de cuña, los ojos grandes y la frente amplia. Algunos tienen un pequeño **bulto** entre los ojos.

Tienen las orejas y el **hocico** pequeños, pero sus **fosas nasales** son grandes.

Estos caballos tienen la espalda corta y las **ancas** fuertes, con la cola en alto.

Algunos caballos árabes tienen músculos más largos y delgados. Los caballos que son más delgados son buenos para largos recorridos o para carreras.

4
9

Los caballos árabes deberían medir entre 14.1 y 15.1 **manos** de alzada. Normalmente pesan entre 800 y 1,000 libras (363-454 kg).

Pueden ser de cinco colores principales, gris, alazán, de **capa castaña**, negro y **ruano**.

Personalidad

Los caballos árabes son conocidos por su buena personalidad. Sin embargo, son caballos de **sangre caliente**, lo que hace que sean caballos sensibles e inteligentes. Los dueños deben ser pacientes y respetuosos con ellos.

Más datos

- Los caballos árabes son una de las razas más antiguas y puras del mundo.
- Son muy buenos con la gente. Son cariñosos y de buen carácter.
- Estos caballos son diferentes del resto en muchos aspectos. Una de las diferencias es que tienen una costilla, un hueso lumbar y una vértebra menos en la cola que el resto de los caballos.

Glosario

anca - parte lateral trasera del cuerpo de algunos animales.

bulto - protuberancia, chipote.

capa castaña - en los caballos, tener el cuerpo de color café pero con patas, crin, cola y orejas negras.

fosas nasales - dos orificios en la nariz.

hocico - parte de la cabeza de algunos animales donde se encuentran la nariz, la mandíbula y la boca.

mano - unidad de medida para la altura de los caballos; equivale a 4 pulgadas (10.16 cm).

península arábiga - extensión de tierra al sudoeste de Asia, rodeada por el mar Rojo y el golfo Pérsico.

ruano - pelo blanco o gris, distribuido uniformemente sobre una base de otro color.

sangre caliente - ser un purasangre o tener sangre árabe.

Índice

Abdo Kids ONLINE

FREE! ONLINE MULTIMEDIA RESOURCES

¡Visita nuestra página **abdokids.com** para tener acceso a juegos, manualidades, videos y mucho más!

Usa este código Abdo Kids

HAK5632

¡o escanea este código QR!